Guernsey Wild Flowers, In Spring & Summer

Les Fleurs Sauvages de Guernesey, au printemps et en été

By Maryline R. Calabrin

My thanks to my partner John Carey,
my mother Yvonne Jaillot,
my sister Delphine Calabrin
and my sisters-in-law Jocelyn McKenzie and Gill Whelan
for their support.

ISBN 978-1478382096
All photographs: Maryline R. Calabrin
Copyright © 2012 Maryline R. Calabrin
All rights reserved.

TABLE CONTENTS

SOMMAIRE

1. Spring
   Printemps

   a. Pink/ purple/ blue 5
      Rose/ Violet/ Bleu
   b. White/ yellow 17
      Blanc/ jaune
   c. Orange/ red/ green 39
      Orange/ rouge/ vert

2. Summer
   Eté

   d. Pink/ purple/ bleu 43
      Rose/ Violet/ Bleu
   e. White/ yellow 58
      Blanc/ jaune
   f. Orange/ red/ brown 73
      Orange/ rouge/ marron

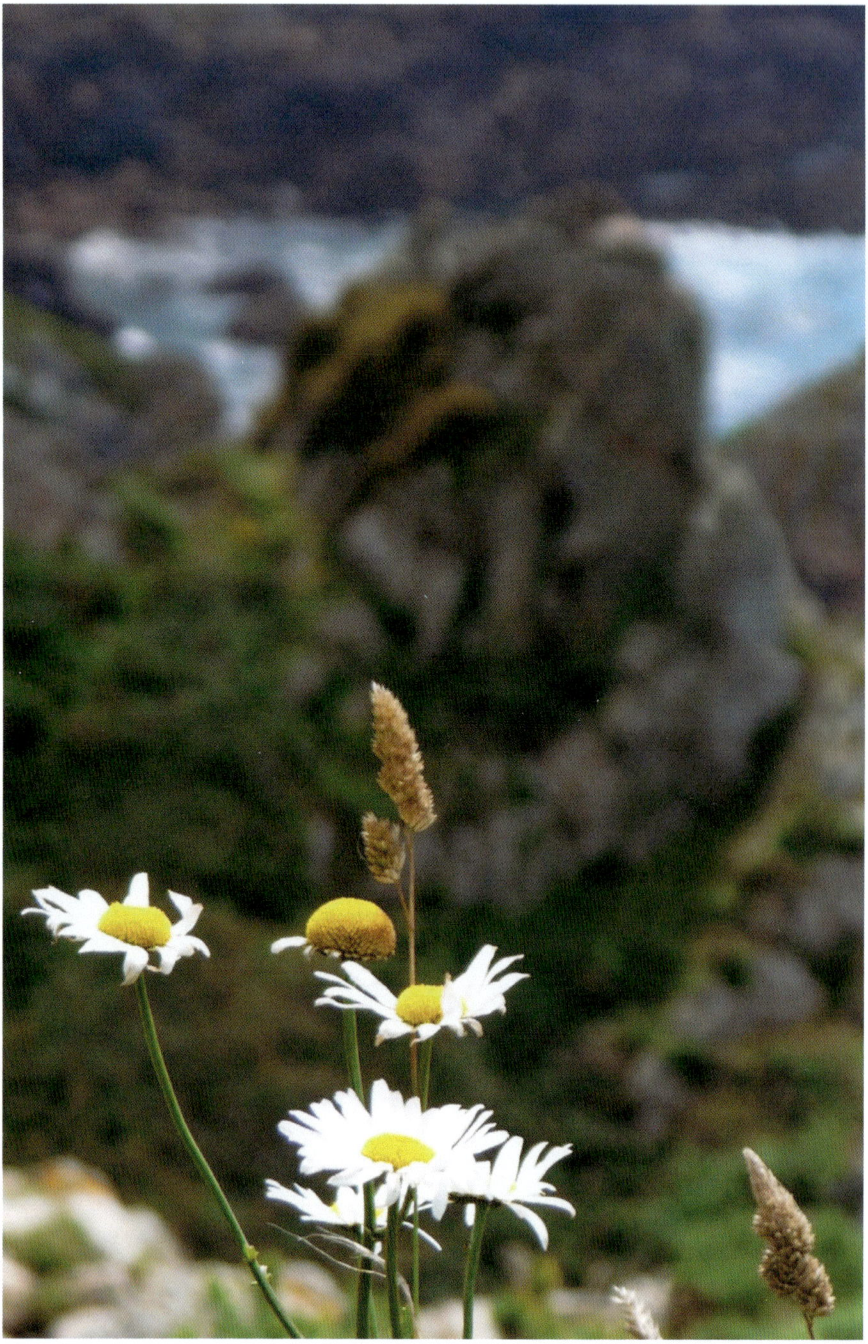

Spring

Printemps

Pink/ Purple/ Blue
Rose/ Violet/ Bleu

In April/ May, Guernsey cliffs become pink with bunches of **Thrifts** thriving on or by rocks (i.e at Port Soif). These maritime flowers also known as "sea pink", are low rosettes of evergreen leaves with tightly packs of pink globes.

*En avril/mai, les falaises de Guernsey sont peints de rose : **les Arméries Maritimes** ou Œillets Marins fleurissent sur les rochers ou pelouses de bord de mer (par ex. à Port Soif). Ces petites fleurs ont la forme de rosettes munies de bractées et aux feuilles persistantes.*

Paths are covered with **Bluebells** by April that also carpet woodland areas (Bluebell wood) and fragrant the air. These blue flowers thrive in a cool and shady environment.
*Les chemins boisés sont recouverts de **Jacinthes** dés le mois d'avril (Bluebell Wood) et parfument l'atmosphère. Ces fleurs se développent dans un environnement ombragé.*

Foxgloves are found on cliffs and heaths. Their long stem support capsules of nodding deep pink flowers. The stem, flowers and seeds are deadly toxic for human and some animals if eaten. (found at le Creux es Faies Passage tomb)
*Les **Digitales** peuvent se trouver sur les falaises et en bruyère. Leur longue tige soutient des fleurs pourpres en forme de clochettes. La tige, les fleurs et les graines sont mortellement toxiques pour les humains et certains animaux en cas d'ingestion.(par ex à le Creux es Faies Passage tomb)*

Common spotted- Orchids and loose-flowered Orchids in particular can be spotted at Les Vicheries Orchid Fields by late May/early June growing in wet meadows.
Les Orchidées sauvages peuvent être admirées à « Les Vicheries Orchid Fields » fin mai/ début juin et poussent seulement dans les prairies humides.

© maryline calabrin

Common Dog-Violets settle on roadsides, hedges and woodlands (i.e Bluebell Wood). These small flowers are unscented unlike sweet violets.
Les violettes sauvages prolifèrent sur les bords de routes, les haies ou les espaces boisés (par ex à Bluebell Wood). Ces petites fleurs ne laissent pas échapper d'arôme contrairement aux violettes parfumées.

By May, **Sheep's-Bits** stand along roads, on cliff paths and in hedges (i.e at Le Gouffre). Their rounded head of small blue flowers have pink-purple stigma.
Dés le mois de mai, **la Jasione** fait son apparition le long des routes, chemins et haies (par ex au Gouffre). Sa « tête ronde » contient de très petites fleurs bleues, réunies en petits capitules sphériques et dont les stigmates sont de même couleur.

Pink-Sorrels have 5 small free pink petals with 3-lobed leaves, each one heart-shaped, growing by roads or on the seashore (found by Pulias Pond).
Les Oxalis sont de petites fleurs roses à 5 pétales et dont les feuilles sont trifoliées, chacune en forme de cœur. Elles abondent sur les bords de route ou plage. (Pulias Pond)

Penstemon also called Beard Tongue, is a plant formed of elegant spikes with tubular and 2-lipped flowers and lance-shaped leaves. It favours fertile dry soils in sunny areas.
Penstemon est une plante vivace formée de tiges érigées élégantes aux fleurs tubulaires à 2 lèvres et aux feuilles en forme de lance. Il préfère les sols secs mais fertiles au soleil (trouvé à l'Ancresse)

Green Alkanet grows in damp or shady places close to buildings. Its bright blue flowers have a white center and hairy evergreen leaves. The Romans introduced this plant and used it as a source of red natural dye extracted from the roots.

La Buglosse Toujours Verte pousse dans des espaces ombragés ou humides particulièrement prés de bâtiments. Ses petites fleurs bleues ont un centre blanc et des feuilles villeuses qui restent en hiver. Les Romains ont introduit cette plante pour se servir de ses racines au colorant naturel rouge.

Hottentot-Figs grow on coastal cliffs and sand dunes. Their leaves are yellowish to green turning redder when older. They also can be found in yellow and deep purple.

Les Figuiers des Hottentots ou Crocs de Sorcière poussent sur les sentiers côtiers et les dunes de sable. C'est une plante grasse rampante aux feuilles jaune-vert virant au rouge à maturité. Existent aussi en jaune et pourpre. (par ex à Pulias Pond)

Common Ramping Fumatory has tubular pink flowers with deep purple tips and their uppal petals are compressed. Its leaves are feather-shaped and quite weak. (at Bluebell Wood)
Le fumeterre des Murailles *a des fleurs rosées avec des pointes de couleur bordeaux. Les pétales du haut sont compactes et ses feuilles souples sont en forme de plume (ou pennées) (à Bluebell Wood par ex.)*

Red Campion is a flowering plant growing on damp soils on roadsides and woods. This tall plant can grow up to 1m tall and is unscented. Its dark pink flowers are composed of 5 petals deeply notched at the end and an urn-shaped calyx. Its dark green leaves and stems are hairy. It can be found by May. (i.e. at Garenne d'Anneville)
Le Compagnon Rouge *est une plante poussant sur des sols humides en bord de route et forêt principalement. Cette plante assez grande peut mesure jusqu'à 1 m de hauteur et n'a pas d'odeur. Ses fleurs d'un rose foncé sont composées de 5 pétales profondément entaillées au calice bombé. Ses feuilles vert foncé et tiges sont villeuses. Cette plante peut être trouvée dés le mois de Mai. (par ex. à Garenne d'Anneville)*

Red Clovers have distinctive trifoliate leaves and dark pink flowers with paler base. They grow in open woodlands, meadows and paths that can be found by May. (i.e. at Garenne d'Anneville)
Le Trèfle des Prés a des feuilles très distinctives de 3 petites feuilles et des fleurs rose foncé à la base plus pâle. Il pousse dans les bois clairs, les prairies et lisières dés le mois de mai. (à Garenne d'Anneville)

Snapdragon or Dragon Flower is an upright growth plant with narrow leaves and nose-like flowers that open and close its mouth when squeezed, thriving on well-drained soils in full sun.
Antirrhinum est une plante droite aux feuilles étroites et aux fleurs en forme de nez. Ses fleurs s'ouvrent et se ferment quand pressées, poussant au soleil sur des sols bien drainés.

(Autumn) Heather is a low a shrub growing up to 0.50 m tall on acidic soils in open sunny areas with pale pink flowers that can sport double-flowers and needle-like leaves.
La Bruyère Commune est un petit arbuste poussant jusqu' à 0.5 0 m de hauteur aux petites fleurs rose pâle qui peuvent avoir 2 fleurs et aux petites feuilles en forme d'épines.

Sea Binweed is a flowering plant with pink trumpet-shaped flowers and 5 white bands. Its center is greenish yellow and its leaves are shiny and hairless. They grow on sand very close to the sea. (i.e at Port Soif)
Le Liseron des Dunes est une plante poussant sur le sable près de la mer. Ses fleurs en forme de trompette sont de couleur rose avec 5 bandes de blanc et ses feuilles sont brillantes. Son centre est d'un jaune prononcé. (par ex. à Port Soif)

Forget-me-not is a plant growing on moist habitats with 5-lobed blue flowers and a yellow center growing in wet woodlands or stream-beds.
Le Myosotis est une plante poussant sur des sols humides aux petites fleurs bleu pâle et au centre jaune poussant dans les bois humides et prés des rivières.

13

Hare's Foot Clover is an erect plant growing up to 40cm tall on dry sandy soils on dunes, in fields and by roadsides. Its tiny rosy white flowers nestle between long hair sepals and its leaves are divided in 3 leaflets, sometimes hairy, with red tips. It can be found by May/June. (i.e le Grand Havre)

Le trèfle Pied-de Lièvre est une plante érigée, pouvant pousser jusqu'à 40 cm de hauteur sur des sols sableux et secs, sur les dunes, en bord de route et dans les champs. Ses petites fleurs rose pâle sont nichées entre de longs sépales villeux et ses feuilles sont composées de 3 folioles (petites feuilles). Il peut être trouvé dés les mois de mai/juin. (par ex. au Grand Havre)

Viper's Bugloss is an erect plant growing on thin soils, with vivid blue flowers and protuberant stamens. (i.e. on Herm)

La Vipérine Commune est une plante érigée aux fleurs d'un bleu vif, aux étamines protubérantes, poussant sur des sols maigres. (par ex. à Herm)

Common Stork's Bill is a plant with bright pink 5-petalled flowers, pinnate leaves shaped like a bill of a stork and with hairy stems. It grows in grasslands and sandy areas.
(found on Herm)
Bec-de-Grue Commun est une plante aux fleurs à 5 pétales d'un rose brillant, aux feuilles pennées, en forme de bec de grue d'où son nom et aux tiges villeuses. Il pousse sur des sols sableux et les prairies. *(trouvé à Herm)*

Common Mallow has strong creeping stems with hairy leaves and mauve flowers with dark veins. It grows in fields and hedges. (found at Fontenelle Bay)
La Mauve des Bois a des tiges épaisses et souvent étalées avec des feuilles villeuses et des fleurs couleur mauve aux veines plus foncées. Elle pousse dans les champs et les haies. *(trouvée à Fontenelle Bay)*

Giant Herb-Robert or Madeira Crane's bill is a native of Madeira with pale purple flowers and darker centre and erect reddish purple stems, growing in hedge banks.
__Le Géranium de Madère__ est une plante de Madère aux fleurs mauve pâle et au centre plus foncé ainsi que des tiges érigées couleur rouge-mauve, poussant au bord des haies.

Herb-Robert is a plant with reddish stems, pink flowers, orangey anthers and dark green-red leaves growing in walls, hedgerows, woodlands and grasslands.
__Géranium Herbe à Robert__ est une plante aux tiges rougeâtres, fleurs roses, anthères orangées et feuilles couleur vert-rouge poussant sur les murs, bois, haies et pelouses.

White/ Yellow

Blanc/ Jaune

Lesser Celandines (of the buttercup family) are also called "Spring Messengers" bring yellow layered carpets brightening fields, woodlands and cliffs by early Spring. The flowers are composed of 7 to 12 petals with heart-shaped leaves. (i.e. at Bluebell Wood)
La Ficaire (de la famille des Boutons d'Or) peint les forêts, les prairies et les lisières d'un jaune brillant dès le début du printemps. Les fleurs sont composées de 7 à 12 pétales avec des feuilles en forme de cœur. (par ex. à Bluebell Wood)

Pale yellow **Primroses** thrive in shady areas such as cliff paths, roadsides and woodlands at low ground-level. The flowers have 5 petals with a deep-yellow center.
(i.e et Bluebell Wood)
Les Primevères aux fleurs à 5 pétales jaune pâle et un centre d'un jaune plus prononcé, poussent sur les sentiers, les bords de route et bois ombragés. (par ex. à Bluebell Wood)

Oxeye Daisy is a flowering plant growing up to 60 cm tall with unbranched stem, dark green leaves. Its flowers are formed of 20-30 white ray florets and a yellow disc. It can be found in sunny meadows and open woods. (found at Petils Bay)

La Marguerite Commune est une plante pouvant pousser jusqu'à 60 cm à tige érigée et aux feuilles vert foncé. Ses fleurs sont formées de 20 à 30 ligules blanches au cœur jaune. Elle prolifère dans les prairies et les bois clairs au soleil. (trouvée à Petils Bay)

Three-Cornered Garlic also called "Stinking Onion" is a bulbous plant with white dropped flowers and narrow linear leaves. It grows in meadows, woodlands and roadsides. Cut, a deep onion and garlic odour is released. (i.e at Bluebell Wood)

L'ail à Trois Angles est une plante aux fleurs blanches pendantes et aux feuilles étroites linéaires. Il pousse dans les prairies, les forêts et en bord de route. Coupée, cette plante dégage une forte odeur d'oignon et d'ail. (à Bluebell Wood)

Wild Daffodils are flowering plants with pale or bright yellow or white 6- petals flowers and a darker central trumpet. It grows in woods, grasslands, meadows and on rocky grounds blooming early Spring. (found at the Val de Terre and Grandes Rocques)
Les Narcisses ont des plantes aux fleurs jaune pâle, jaune brillant ou blanches avec un centre en forme de trompette d'un jaune plus foncé. Ces plantes poussent dans les bois, les pelouses, prairies et sur des sols rocheux avec une floraison dés le début du printemps. (trouvées au Val des Terre et Grandes Rocques)

Sea Radish is a straggly bush formed of herbs of yellow 4-petal flowers with dark veins, yellow stamens and stigma that can grow up to 1.50 m. Its lower leaves are large and pinnate. This plant can be found in sandy, coastal habitats from May. (i.e at Port Gras)

Le Radis Sauvage *est un arbrisseau formé d'herbes à 4 pétales jaunes avec des nervures foncées, des étamines et stigmates jaunes, pouvant pousser jusqu'à 1.50m. Ses feuilles basses sont larges et pennées. Cette plante se trouve dans des endroits sableux et côtiers dès Mai (à Baie de Port Gras)*

Gorse colours the entire island in bright yellow by March! This thorny shrub grows on acid soils in sunny areas. It flowers a little in autumn and winter but blooms mostly in spring. (found at Fermain Bay)

L'Ajonc colore l'île de jaune brillant dés mars. Cet arbuste épineux pousse sur des sols acides au soleil. Ses fleurs jaunes fleurissent un peu l'automne et l'hiver mais à profusion au printemps. (trouvé à Fermain Bay)

Alexanders or Horse Parsley is a tall plant with tiny yellow-green flowers in compound umbels and dark green leaves. It will be found along cliff paths by March/April.
(i.e at Portinfer)

Le Maceron est une plante herbacée de grande taille aux très petites fleurs jaune-vert sur des ombelles et aux feuilles vert foncé. Elle peut se trouver sur les sentiers côtiers dés mars/avril. (trouvé à Portinfer)

Burnet Roses are usually low erect deciduous plants of 5 white petals with prickly stems. They can be admired around the coast by May/June (found at Ladies' Bay) and can cover large areas.

Les Roses Pimprenelles sont des plantes épineuses basses de 5 pétales blanches qui peuvent recouvrir de larges espaces autour des côtes. (trouvées à Ladies' Bay)

Hottentot Figs are creeping succulent plants growing on coastal cliffs and sand dunes. Their leaves are yellowish to green turning redder when older. Also in pink with yellow at the base and deep purple. (i.e by Pulias pond)

Les Figuiers des Hottentots poussent sur les falaises et les dunes sablonneuses. Leurs feuilles sont un mélange de jaune et de vert et qui se teintent de rouge à maturité. Existent aussi en rose et pourpre. (trouvés à Pulias Pond)

By May, **Brambles or Blackberries** are in bloom: the flowers have 5 white petals- that can be pink as well- with numerous anthers (when first open, anthers are white and turn black when older). These prickly shrubs develop in woods, hedges, scrubs and heaths to give blackberry fruit. The curved thorns help the plant to maintain its position through other shrubs. (found at Le Gouffre)

*A partir de Mai, **les Mûriers sauvages** sont en fleur : ces fleurs à 5 pétales blanches (qui peuvent aussi être roses) ont de nombreuses anthères qui, lorsque la fleur éclot, sont blancs, devenant noirs au fil du temps. Ces arbustes épineux prolifèrent dans les bois, les broussailles et la bruyère pour donner un fruit noir (la mûre). Les épines un peu galbées servent à se protéger contre l'invasion d'autres arbustes.(au Gouffre)*

Large Binweeds are twining vines growing to 2-4 m tall with spirally arranged leaves and trumpet-shaped flowers, white or pale pink with 5 white streaks. They grow in hedges, fields, roadsides and open woodlands blossoming in late spring. (found on Herm)

Le Liseron des Haies est une plante grimpante pouvant s'élever jusqu'à 4 m de hauteur, aux feuilles en spirale et aux fleurs en forme de trompette, blanches ou rose pâle striées de 5 veines. Il pousse sur les haies, les prés et les bois clairs florissant à la fin du printemps. (trouvé à lHerm)

Sea Campions grow on coastline atop cliffs and amongst shingles in full sun. These white notched flowers have a distinctive inflated calyx. Its leaves are fleshy to protect the plant from salty winds.(found at Port Soif)
Les Silènes Maritimes poussent sur les côtes et parmi les galets au soleil. Ces fleurs blanches ont un calice bombé très distinctif. Ses feuilles charnues aident la plante à se protéger contre les vents salés. (trouvées à Port Soif)

Wood- sorrels with its heart shaped leaves folded through the middle and small white flowers with pink streaks blossoms by April. They grow in underbrush (i.e. at Bluebell Wood). At night and on rainy days, the flowers and leaves contract.
L'Oseille des Bois aux feuilles en forme de cœur pliées au milieu et aux petites fleurs blanches aux rainures roses, fleurit dés avril. Cette plante pousse en sous-bois (par ex. Bluebell Wood). Par temps de pluie et la nuit, les fleurs et les feuilles se contractent.

Common Brooms are evergreen deciduous shrubs of golden-yellow flowers and with dense green stems and very small leaves. It grows on sunny sites on dry and sandy soils. The Plantagenet Kings used it as an embleme and took their name from it. (by Petils Bay)
Les Plantagenêts *sont des arbustes caduques aux fleurs jaunes, aux tiges denses et aux très petites feuilles poussant au soleil sur des sols sableux et secs. Les rois Plantagenêts ont pris leur nom de cet arbrisseau et l'ont utilisé comme emblême. (à Petils Bay)*

Lady's Bedstraw is a low scrambling plant rooting on dry soil where they touch the ground. Its yellow 4- petal flowers have a crosslike shape. It can be found in meadows, hedges, paths and scrubs by May. In the past, the dried plant was used to stuff mattresses as its scent acts as a flea killer and milk was extracted from flowers.
Le Gaillet Jaune ou Caille-Lait Jaune *est une plante basse grimpante poussant sur sols secs et là où elle peut toucher le sol. Elle peut se trouver sur les chemins, haies, prés et brousailles dés Mai. Ces fleurs jaunes à 4 pétales en forme de croix furent utilisées pour en extraire du lait dans le passé et la plante séchée servait à empailler les matelas. (Port Soif)*

Evening-Primrose is a flowering plant with fully opened flowers in the evenings. The yellow flowers have a stigma of 4 branches forming an X shape. It grows in poor environment like sand dunes, in open sunny sites. It can be found in flower by May.

L'Oenothère *est une plante dont les fleurs ne s'ouvrent complètement que le soir. Ses fleurs jaunes ont un stigmate de 4 branches en forme de X. Cette plante pousse dans des endroits clairs et pauvres comme les dunes de sable au soleil. Elle peut se trouver en floraison dés Mai. (trouvée au Grand Havre)*

Bird's Foot Trefoil produces clusters of yellow and red flowers of small pea-like pods on small stems from early June. It can be found on grassy and sunny places, heaths and scrublands on dry soil. (found near Fort Doyle)

Le Lotier Corniculé est une plante aux fleurs jaunes et rouges en forme de pois sur des petites tiges dés début juin, poussant sur des sols herbeux secs au soleil, les haies, les broussailles. (trouvé vers Fort Doyle)

Lords-and-Ladies or Wild Arum has distinctive sagittal leaves appearing in woods and shady places from early April. Its yellow or purple spadix (spike inflorescence) is enclosed in a pale green spathe (leaf-like hood). The flower releases heat and an odour to attract flies and be pollinated. (found at Bluebell Wood)

Le Gouet Tacheté ou Pied-de Veau a des feuilles en forme de flèche très distinctives poussant dans les bois et les endroits ombragés dés le mois d'avril. Son spadice (une sorte d'épi de fleurs) peut être jaune ou violet et se trouve implanté dans une spathe (une feuille en forme de flamme). La fleur relâche de la chaleur et une odeur attirant les mouches afin qu'elles puissent la butiner. (à Bluebell Wood)

Sea-Kale is a bushy plant with large fleshy blue/green leaves with little white flowers found on shingles by the sea line. (found at Grandes Rocques)

Le Chou Marin est une plante touffue aux larges feuilles de couleur vert bleuté et aux petites fleurs blanches pouvant être trouvé parmi des galets prés de la mer.

White **Common spotted- Orchids** can be spotted at Les Vicheries Orchid Fields by late May/early June growing in wet meadows. Its flowers can be white or pale purple.
***Les Orchis de Fuchs** sont des Orchidées Sauvages pouvant être admirées à « Les Vicheries Orchid Fields » fin mai/ début juin et poussent seulement dans les prairies humides. Les fleurs tachetées peuvent être blanches ou violet pâle.*

Blackthorn is a deciduous large shrub growing up to 3 to 5 m tall with spiny branches and creamy white flowers as early as March/ April. The flowers bloom before the oval-shaped leaves. Its fruit called Sloe appear in Summer and become blackish in Autumn and are used to make gin. (found at Jerbourg Point and le Gouffre)

Le Prunellier ou Epine Noire est un large arbuste pouvant mesurer 3 à 5 m aux branches épineuses. Ses fleurs éclosent dés les mois de Mars/Avril et sont d'un blanc laiteux. Elles apparaissent avant les feuilles de forme ovale. Ses fruits, poussant en été, deviennent noirâtres et sont utilisés pour faire du gin. (trouvé à Jerbourg Point et au Gouffre)

Common Hogweed also called Cow Parsnip is an herbaceous plant of the Carrot family with hairy stems, pinnate leaves and flowers of unequal petals on the outer umbel. It grows nearly everywhere, on sandy dunes, open woodlands, grasslands, roadsides and footpaths. This toxic plant can reach up to 2.50 m high. (i.e. at L'Ancresse)

La Berce *est une plante herbacée de la famille des carottes aux tiges villeuses, feuilles pennées et des fleurs aux pétales inégales sur l'extérieur de l'ombelle. Elle pousse presque de partout, sur les dunes sableuses, les bois clairs, les prés, en bord de route et les sentiers. Cette plante toxique peut atteindre 2.50 m de haut. (par ex. à l'Ancresse)*

Navelwort is a plant with umbilicate (navel-like) leaves, creamy green bell-shaped flowers fixed on a long erect stem. It grows on shady walls and on damp rock crevices. (i.e. Bluebell Wood)
Le Nombril-de-Vénus ou Ombilique des rochers est une plante aux feuilles ombiliquées, des fleurs en forme de clochettes de couleur crème, accrochées sur une longe tige érigée. Il pousse sur les murs à l'ombre et les fissures de rochers. (par ex. à Bluebell Wood)

Mexican Fleabane has a mixture of white and pink daisy-like flowers and narrow leaves, growing en masse on walls, cliffs, rocks and pavements. (i.e at Bluebell Wood)
*L'**Erigeron*** est un mélange de fleurs du type marguerite de couleur blanc et/ou rosé aux feuilles étroites, poussant sur les murs, les rochers, les falaises et les trottoirs.

Meadow Buttercup is a plant growing in meadows with glossy yellow flowers of 5-petalswith numerous stamens. (found à Crève Coeur)
__Le Bouton d'Or__ *pousse dans les prés. Ses fleurs à 5 pétales sont jaune or avec des nombreuses étamines. (trouvé à Crève Coeur)*

Yellow Flag Iris is a tall plant that can grow up to 1.50 m high with long narrow pointed leaves and bright yellow flowers. It prefers corners of meadows in damp soils.
(found at Les Vicheries Orchid Fields)
L'Iris des Marais *est une plante pouvant atteindre 1.m 50 de haut poussant sur des sols humides au coin des prairies. Ses feuilles sont longues, étroites et pointues et ses fleurs sont d'un jaune or. (trouvée à Les Vicheries Orchid Fields)*

Common Daisy is a flowering plant with 15-30 white ray florets and a yellow disc florets growing in meadows, grasslands, roadsides and paths. It closes in the evening and in rainy days! (found at Vale Castle)

La Pâquerette est une plante aux fleurs composées de 15 à 30 florettes et d'un centre jaune, poussant dans les prairies, les pelouses, en bord de route et sentiers. Elle se ferme le soir et les jours de pluie. (trouvée à Vale Castle)

Corn Salad or Lamb's Lettuce is an edible flowering plant growing on rocky and thin soils, walls and fields, with elongated oval leaves and tiny white/ blue flowers. (Bluebell Wood)

La Mâche est une plante comestible poussant sur des sols fins et rocheux, les roches et champs, aux feuilles longues et ovales et aux petites fleurs couleur blanc bleuté. (trouvée à Bluebell Wood)

Elder is a shrub or a small tree found in any soil types by roadsides, in hedgerows, scrubs, woodlands and wastelands flowering by May, with white flowers on spiked inflorescences, cream anthers and pinnate leaves. (found by Clarence Battery)

Le Grand Sureau ou Sureau Noir est un arbuste ou petit arbre aux feuilles pennées, poussant sur tous types de sols, sur les haies, les forêts, en bord de route et friches, en floraison dés Mai. Les fleurs blanches se développent sur des inflorescences pointues et aux anthères couleur crème, devenant des fruits noirs en été .(trouvé vers Clarence Battery)

Orange/ Red/ Green

Orange/ Rouge/ Vert

Common Poppy is common to fields and paths with its vivid red 4-petalled flowers and black anthers as well as hairy thin stem. It's the symbol of fallen soldiers that can colour carpets of red. It is the symbol of the First World War fallen soldiers.
*Le **Coquelicot** est une plante commune que l'on peut voir dans les champs et sentiers avec ses fleurs d'un rouge vif à 4 pétales froissées, aux anthères noires et à la tige fine et villeuse. Il représente les soldats tombés de la première guerre au Commonwealth.*

Scarlet Pimpernel is a low herbaceous plant with orange 5-petalled flowers growing in stony places and paths. It only opens in sunshine. (found near Fort Doyle)
*Le **Mouron des Champs** est une plante basse aux fleurs orange à 5 pétales poussant aux endroits pierreux et les chemins. Il s'ouvre seulement au soleil. (trouvé vers Fort Doyle)*

Field Marigold is an erect plant with catchy orange flowers and lance-shaped leaves; slightly hairy, growing in coastal habitats. It can appear in one location and then disappear for several years. (found by Cobo Bay)
Le Souci des Champs *est une plante à la tige droite, aux fleurs jaune-orange et aux feuilles en forme de lance, poussant autour des côtes. Il peut pousser à un endroit puis disparaître pendant des années. (trouvé vers Cobo Bay)*

41

Butcher's Broom is a shrub with flat shoots of spine tipped leaves. The green flowers appear in spring giving toxic red berries. It favours woodlands, hedges and coastal cliffs in the shade. This shrub is used to treat varicose. (i.e. at Bluebell Wood)
Le Fragon Epineux ou Petit-Houx est un arbuste aux feuilles pointues épineuses. Ses fleurs vertes donnent naissance à des baies toxiques rouges. Il pousse dans les bois, les haies et falaises à l'ombre. Cet arbuste est utilisé pour guérir les varices. (par ex. à Bluebell Wood)

Bracken is a type of Fern with its distinctive spirally coiled green leaves when young. Then, the leaves become widely spread apart, triangular and pinnate and yellow to die down in Autumn. It has spore (sori) underneath the leaves. Its name derives from Old Norse, meaning Fern in Swedish. (found on Herm)
Le Ptériduim est une espèce de fougère aux feuilles distinctives s'enroulant en spirale lorsqu'il est jeune, deviennent larges, triangulaires et pennées et ensuite jaunissent en automne. Ses spores sont visibles sous les feuilles. Son nom vient du Norse signifiant fougère. (trouvé à Herm)

Summer

Eté

Pink/ Purple/ Blue
Rose/ Violet/ Bleu

Bell Heather grows in harsh habitats on dry, acidic soils (heath lands, open woodlands). This low shrub has deep purple-pink bell-shaped flowers with fine dark green needle-like leaves borne in whorls of 3. It can be admired by July. (found at Le Gouffre)

La Bruyère Cendrée *pousse dans un environnement rude sur des sols acides et secs. (bruyères et bois clairs). Ce petit arbuste a des fleurs en grappe de couleur rose pourpré avec de fines feuilles vert foncé en forme de 3 aiguilles. Elle peut être admirée dés Juillet. (trouvée au Gouffre)*

Common Self-Heal is a low erect edible herbaceous plant with lance- shaped leaves. Its stem has cylindrical terminal spikes of purple flowers. These small flowers are 2-lipped and tubular. It can grow almost everywhere. (found at Le Gouffre)

La Brunelle Commune *est une petite plante herbacée aux feuilles en forme de lance. Ces petites fleurs violettes sont disposées en capitule sur un épi terminal cylindrique, séparées entre elles par de larges bractées et en forme de calice à 2 lèvres. Elle peut pousser de partout. (trouvée au Gouffre)*

Wild thyme is a sub shrub growing up only to 2cm high on poor soils! These tiny scented lilac flowers like sunny areas and can be found in dry meadows, dunes and stone paths by June. (found at l'Ancresse, on Herm)

Le Thym Serpolet est un sous-arbrisseau s'élevant à seulement 2 cm de haut sur des sols pauvres en nutriments. Ces petites fleurs aromatiques de couleur lilas poussent dans un environnement ensoleillé dans les prairies sèches, les chemins caillouteux et les dunes dés le mois de Juin. (trouvé à l'Ancresse, Herm)

Sea Holly resembles a flowering Thistle with its metallic blue burr-shaped flowers and prickly leaves. It grows on dunes and amongst shingles from June. (found at L'Ancresse)
Le Panicaut Maritime ressemble à un chardon avec ses fleurs bleu métallique, barbues aux capitules arrondies et ses feuilles piquantes. Il pousse dans les dunes et parmi les galets à partir du mois de Juin. (trouvé à l'Ancresse)

Common Centaury is a flowering plant with its leafy erect stem that can branch and tiny pale pink 5-petal flowers, flat-faced and yellow anthers. It grows on damp woodland floors, on turf by the sea, scrubs and dunes. These flowers only open in full sunshine. (found at Le Gouffre)

*La **Petite Centaurée** est une plante à la tige feuillue droite et aux petites fleurs rose pâle à 5 pétales et aux anthères jaunes. Elle pousse sur des sols humides des bois, des pelouses de bord de mer, broussailles et dunes. Les fleurs ne s'ouvrent seulement qu'en plein soleil. (trouvée au Gouffre)*

Red Valerian is an herbaceous plant, woody at the base with small purplish-red flowers that can be found in rocky places, walls and roadsides.

*La **Valériane rouge** est plante herbacée, ligneuse à la base avec de petites fleurs rose foncé qui se développe dans des endroits rocheux, murs et en bord de route.*

Spear Thistle is an erect plant growing up to 1.5m tall with spine-tipped leaves and similar-sized florets of pink purple. It grows on disturbed grounds (paths, fields) and can be found from end of June. Its nectar is a rich source for pollinating insects. (found at Garenne d'Anneville)

Le Cirse Commun *est une grande plante rigide pouvant atteindre 1.50 m, aux feuilles pointues et épineuses et aux florettes d'un rose violacé. Il peut se trouver sur les chemins et clairières dés fin juin. Son nectar est très riche pour les insectes pollinisateurs. (trouvé à Garenne d'Anneville)*

Wild Leeks are onion-like plants growing up to 1 m tall in sunny areas on sandy soils near the sea and sheltered cliff paths. They grow in groups and have a strong onion scent. (found on Herm)

L'Oignon Sauvage *est une plante poussant jusqu'à 1 m de haut, en groupe, au soleil sur des sols sableux en bord de mer et le long des sentiers à l'abri. Il sent fortement l'oignon. (trouvé à Herm)*

Honeysuckle is a vine or shrub with tubular flowers and sweet scent and nectar. Its roots need shade whilst its flowers require sunshine. It can be found in wood edges and paths.
Le Chèvrefeuille est une plante grimpante ou arbuste, aux fleurs en forme de carillon et à l'arôme et nectar sucrés. Il peut être trouvé en lisière de bois ou en bord de sentiers. (trouvé au Gouffre)

Narrow-leaved Vetch is a climbing plant with bright pink pea-like flowers (1 to 3) and leaves divided in leaflets of 3 to 8 pairs. It grows on grasslands, heaths and around the coast. (at Fontenelle Bay)
La Vesce Commune est une plante grimpante aux fleurs roses en forme de pois et aux folioles de 3 à 8 paires. Elle pousse dans les prés, sur les haies et autour des côtes.

Bittersweet is a weed growing in dark areas in woodlands, hedges and scrubs particularly where there are ferns. The flowers are star-shaped with purple petals, yellow stamen and style pointing forward. Its foliage is poisonous for humans. (found at L'ancresse)
La Morelle Douce-Amère est une herbe poussant dans des espaces ombragés dans les bois, haies et broussailles, particulièrement là où il y a des fougères. Ses fleurs en forme d'étoile ont des pétales violettes, des étamines jaunes et un style pointu. Ses feuilles sont toxiques pour les humains. (trouvée à l'Ancresse)

Creeping Thistle has numerous erect stems with flower heads of lilac-pink florets on top of a small cylinder of spiny bracts and spiny leaves. It grows in grasslands, field edges and roadsides. (found at Fontenelle Bay)
Le Cirse des Champs a de nombreuses branches, des fleurs d'un rose lilas et des feuilles épineuses. Il pousse dans les champs, les prés ou en bord de route. (trouvé à Fontenelle Bay)

Dog-Rose is a climbing shrub with pinnate leaves. Its 5-petals flowers can be pale pink, deep pink or white and have numerous stamens. It grows in sandy areas, woods and fields. Its name comes from the fact that in Antiquity, its roots were used to help cure rabbies.

L'Eglantier Commun ou Rosier des Chiens *est un arbrisseau grimpant aux feuilles pennées et aux fleurs composées de 5 pétales d'un rose pâle, foncé ou blanc et aux nombreuses étamines. Il pousse sur des sols sableux, dans les prairies et les bois. Son nom vient du fait qu'à l'Antiquité, ses racines étaient utilisées pour guérir de la rage. (trouvé à Herm)*

Sea-Spurrey is a low plant with pale pink-mauve 5-petalled flowers, 10 stamens and fleshy leaves. It favours salt marshes and shingly coastal habitats. (at Ladies' Bay)

La Spergulaire des Arais Salés *est une plante basse aux petites fleurs à 5 pétales d'un rose mauve, aux 10 étamines et aux feuilles grasses. Il pousse sur des sols salés et les côtes broussailleuses. (trouvée à Ladies' Bay)*

Common Clary is a plant with hairy stems and heart-shaped leaves. Its pale mauve flowers (lilac or white) are set in whorls onto a long terminal spike with an open-lipped corolla. It thrives in any soils but not too wet. (found on Herm)

La Sauge Sclarée est une plante aux tiges villeuses et aux feuilles en forme de cœur. Ses fleurs d'un mauve pâle (blanc ou lilas) au cœur aux lèvres ouvertes en forme de spirale, se dressent sur une longue tige. Elle aime toutes sortes de sols mais pas trop humides. (trouvée à Herm)

Autumn Squill grows by the sea on coastal turfs and cliffs, flowering in mid-summer, despite its name. Its tiny blue purple flowers are upright and its leaves disappear when the stem come out. (found at Ladies' Bay)

La Scille d'Automne pousse prés de la mer sur les sols côtiers et les falaises dés la mi-été, en dépit de son nom. Ses petites fleurs d'un bleu violacé sont droites et ses feuilles disparaissent dés la floraison. (trouvée à Ladies' Bay)

53

Tufted Vetch is a common weed growing in disturbed areas, old fields and roadsides. Its purple or violet flowers are pea-like shaped on one-sided raceme; always in even number. (found at Fontenelle Bay)
La Vesce Craque est une plante herbacée commune des vieux champs, bords de route ou prairies. Ses fleurs d'un bleu violacé ont la forme d'un pois et poussent sur le même coté de la tige ; toujours en nombres pairs. (trouvée à Fontenelle Bay)

Wild Teasel is a plant growing up to 3 m tall in woods, hedges, roads, paths...with prickly leaves. Its small blue purple flowers sat on a spiny flower head. ((found on Herm)
La Cadère Sauvage est une plante pouvant pousser jusqu'à 3 m de haut dans les bois, les haies, les sentiers, les bords de route... disposant de feuilles armées de piquants. Ses fleurs d'un bleu violacé se reposent sur une tête épineuse.
(trouvée à Herm)

Common Restharrow is a creeping plant growing on dunes, coastal paths and shingles with hairy leaves and stem and small pink flowers. (found at Port Soif Natural Trail)
La Bugrane Rampante Maritime *est une plante rampante poussant sur les dunes de sable, les sentiers côtiers et les broussailles, aux tiges et feuilles villeuses et aux petites fleurs roses. (trouvée à Port Soif Natural Trail)*

Lucerne is bushy plant with clusters of small lilac flowers and trefoil-shaped leaves growing in field edges and paths. (found by L'Ancresse)
La Luzerne *est une plante touffue aux petites fleurs couleur lilas et aux feuilles ressemblant au Trèfle. Elle pousse en lisière de champs et sentiers. (trouvée vers L'Ancresse)*

Duke of Argyll's tea plant is a shrub growing up to 3 m high with spear-like leaves, purple flowers and long stamens standing salty winds. (found near Fort Doyle)
Le Lyciet Commun *est un arbuste pouvant atteindre 3 m de haut aux feuilles lancéolées, aux fleurs violettes et aux étamines dépassant la corolle. Il supporte bien les vents salés.*

Buddleia Davidii also called Summer Lilac or Butterfly Bush is a strong scented shrub growing up to 5 m high with arching branches, lanceolate leaves and tubular purple flowers on terminal panicles of rich nectar, well appreciated by butterflies. It grows on dry soils in wastelands, roadsides and walls. (found on Herm)

Le Buddleia de David ou Arbre aux Papillons est un arbuste très odorant pouvant atteindre 5 m de haut, aux branches arquées, feuilles lancéolées et aux fleurs violettes disposées sur de longs panicules et au nectar apprécié des papillons. Il pousse sur sols secs dans les friches, en bord de route et sur les murs. (trouvé à Herm)

Pyramidal Orchid can reach up to 25cm tall with an erect stem, lanceolate basal leaves and small ones barely visible fixed on the stem. Its pink-purple flowers are set on a pyramidal inflorescence. (found at Port Soif Common)

L'Orchis Pyramidal est une Orchidée pouvant atteindre 25 cm de hauteur, aux feuilles lancéolées à la base de la plante et d'autres plus petites fixées sur la tige, à peine visibles. Ses fleurs d'un rose violacé se reposent sur un épi pyramidal. (trouvé à Port Soif Common)

White/Yellow

Blanc/Jaune

Honeysuckle is a vine or shrub with tubular flowers and sweet scent and nectar. Its roots need shade whilst its flowers require sunshine. It can be found in wood edges and paths.
Le Chèvrefeuille est une plante grimpante ou arbuste, aux fleurs en forme de carillon et à l'arôme et nectar sucrés. Il peut être trouvé en lisière de bois ou sur les bords de sentiers. (par ex. à Herm)

Black Medicks are fixing herbs with fine stems first lying flat and then erecting, with small tied heads yellow flowers and trifoliate leaves. They grow in dry fields.
La Luzerne Lupuline est une herbe aux tiges fines qui d'abord couchées, se redressent ensuite. Les petites fleurs jaunes sont groupées en grappes serrées aux feuilles trifoliées. Elle pousse sur des sols secs dans les prairies.

Tree Lupin is a shrub growing up to 1.50 high, with palmate leaves and short racemes of pale yellow scented flowers. It thrives in full sun in sheltered positions on coastal areas. (i.e. at le Grand Havre)

Le Lupin en Arbre est un arbuste pouvant atteindre 1.50m de haut aux feuilles palmées et aux fleurs parfumées couleur jaune pâle, poussant au soleil sur les côtes. (au Grand Havre)

Fennel is an erect flowering herb growing up to 2.50 m high with feathery green foliage similar to dill and rays of tiny, umbel-shaped yellow flowers emitting an anise scent. It favours dry soils near the sea coast in the sunshine. The dried plant is an insect repellent. (i.e. at Port Soif)

Le Fenouil Commun *est une plante érigée pouvant atteindre 2.50 m de haut, aux feuilles douces comme la plume similaires à l'aneth et aux fleurs jaunes assises sur des ombelles, dégageant une odeur anisée. Il préfère les sols secs prés de la mer au soleil. Cette plante, une fois séchée, est un insectifuge naturel. (trouvé à Port Soif)*

Corn Chamomile has a daisy-like flower with a distinctive yellow centre of chaffy scales and with finely divided leaves. (found by Crève Cœur)

L'Anthémis des Champs ou Camomille Sauvage *a des fleurs ressemblant aux pâquerettes avec un centre jaune à écaille, bien distinctif et aux feuilles finement divisées. (trouvée vers Crève Coeur)*

Common Ragwort is a toxic weed thriving in open sites on sandy dunes, roadsides, grasslands and fields. Its bright yellow flowers sit on erect stems, with the plant reaching up to 1.5 m high. (found at Fontenelle Bay)

Le Senecio est une plante toxique se développant dans des espaces clairs sur les dunes sableuses, les bords de route, les prés et les champs. Ses fleurs d'un jaune vif poussent sur des tiges érigées pouvant atteindre 1.50 m de haut. (trouvé à Fontenelle Bay)

The name **Tutsan** derives from the one in French meaning all-healthy. This shrub can grow up to 1 m high in open woods, hedges and cliffs ledges with golden yellow flowers and numerous upright stamens. (found at Bluebell Wood)

La Toutesaine est un arbuste pouvant atteindre 1 m de haut poussant dans les bois clairs, les haies et les saillies de falaises. Ses fleurs d'un jaune or ont de nombreux stigmates. (à Bluebell Wood)

Wild Carrot is formed of tiny white flowers in tight umbel, with distinctive pinnate bracts at the base of its umbel. Its stems and pinnate leaves are hairy. It can grow up to 1 m tall on paths and fields. (i.e. at Port Soif)

La Carotte Sauvage est formée de petites fleurs blanches réunies en ombelle étroite et des bractées pennées à la base de l'ombelle. Ses tiges et feuilles sont pennées également et villeuses. Elle peut pousser jusqu'à 1 m de haut sur les sentiers et champs. (à Port Soif)

63

Yellow-Horned Poppy is a plant with grey-green fleshy stems and leaves with yellow, poppy-like 4-petalled flowers and yellow stamens growing on sandy soils and stony places. (i.e at Fontenelle Bay)

Le Pavot Jaune des Sables est une plante aux tiges charnues et feuilles d'un gris-vert aux fleurs jaunes à 4 pétales du genre du coquelicot et aux stigmates jaunes, poussant sur les sols sableux et les endroits pierreux. (par ex. à Fontenelle Bay)

Common Toadflax is an erect plant with fine leaves, nose-like pale –yellow flowers and an orange lower lip, growing in clusters on stems thriving on dunes, by roadsides and disturbed land. (found at l'Ancresse)

La Linaire Commune est une plante érigée aux fines feuilles, aux fleurs d'un jaune pâle regroupées en grappes et à la lèvre inférieure orangée. Elle pousse sur les dunes, en bord de route ou terrains vagues. (trouvée à l'Ancresse)

Wood Sage is a plant with straw-coloured flowers sat on leafless erect stems and oval, slightly-toothed leaves at the base. It thrives on sandy soils in woodlands. (found at Bluebell Wood)

La Sauge des Bois est une plante aux fleurs de couleur paille sur des tiges droites sans feuilles. Ses feuilles ovales et légèrement dentées se trouvent seulement à la base du plant. Elle préfère les sols sableux des bois. (trouvée à Bluebell Wood)

Slender St. John Wort grows up to 60 cm high in open woods, heaths and scrubs. Its yellow 5-petalled flowers have black spots at its edges, long stamens with orange anthers. (found at Bluebell Wood)

Le Millepertuis Elégant pousse jusqu'à 60 cm de haut dans les bois clairs, landes et broussailles. Ses fleurs d'un jaune brillant de 5 pétales, ont des points noirs sur les extrémités, de longues étamines aux anthères orange. (trouvé à Bluebell Wood)

Rock Sampshire is an edible plant always found near the sea, with fleshy leaves and yellow green flowers in large umbels. (found near Fort Doyle)

La Criste Marine *est une plante comestible poussant toujours près de la mer, aux feuilles charnues et aux fleurs de couleur jaune-vert disposées sur de larges ombelles. (trouvée près de Fort Doyle)*

Traveller's Joy also called Old Man's Beard (due to its feathery seed heads) is a climbing plant found entwined on trees, in hedgerows and woodlands, with woody stems. Its white flowers develop to seeds with long silky hair. (found in Bluebell Wood)

La Clématite des Haies est une plante/ vigne qui s'enroule sur les arbres... sur les haies et dans les bois, aux tiges ligneuses (lianes). Ses fleurs blanches se développent en graines aux longs duvets soyeux. (trouvée à Bluebell Wood)

Chamomile (from the Greek meaning "earth-apple" from its scent) is a plant with daisy-like flowers, dome-shaped yellow center and recumbent stems (at Le Gouffre cliff top)
La Camomille *(dérivant du Grec signifiant «pomme au sol », de par son odeur) a des fleurs ressemblant aux pâquerettes, au centre jaune bombé et aux tiges allongées. (au Gouffre)*

Golden Samphire is a tufted plant with narrow fleshy leaves and yellow flowers growing in sea coasts (near Fort Doyle).
L'Inule Perce-Pierre *est une plante touffue aux feuilles étroites, charnues et fleurs jaunes poussant autour des côtes. (trouvée vers Fort Doyle)*

Everlasting Absolute or Helichrysum stoechas is an erect aromatic plant (if its stems or leaves are crushed, a smell of curry is identified) growing up to 1m high on dry soils, rocks and sands in full sun with pale green stems and narrow leaves, and yellow and dry looking flowers. (found at L'Ancresse)

L'Immortelle des Dunes *est une plante érigée aromatique (les tiges et feuilles sentent le curry une fois écrasées) pouvant atteindre 1 m de haut, poussant sur des sols secs, sableux et rocheux en plein soleil. Ses tiges et feuilles étroites sont d'un vert pâle et ses fleurs sont jaunes à l'aspect de fleurs séchées. (trouvée à l'Ancresse)*

Sea Rocket is a succulent plant growing in sandy areas, with 4-petal flowers (white or pale pink) and fleshy leaves. (found at Baie de la Jaonneuse)
*La **Roquette de Mer** est une plante grasse poussant sur des sols sableux autour des côtes, aux fleurs à 4 pétales (blanches ou rose pâle) et aux feuilles charnues.
(trouvée à Baie de la Jaonneuse)*

Hare's Tail Cotton Grass is an erect plant growing up to 30 cm high on sand-dunes and acidic soils, with very soft creamy white flowers and long awns. (found at le Grand Havre)
La Linaigrette Vaginée *est une plante érigée pouvant atteindre 30 cm de haut et poussant sur les dunes sableuses et les sols acides. Ses fleurs sont très douces de couleur blanc-crème en forme de barbe. (trouvée au Grand Havre)*

Orange/Red/ Brown

Orange/Rouge/ Marron

Montbretia has 4 to 20 orangey flowers drooping groundwards on one side of the stem, and lanceolate leaves growing in clumps in any habitats.(found on Herm)

Crocosmia *a de 4 à 20 fleurs orangées penchant vers le sol sur un seul côté de la tige. Ses feuilles sont en forme de lance. Cette plante pousse en touffe de partout. (trouvée à Herm)*

Greater Quaking-Grass is a grass growing up to 60 cm high. Its distinctive ears have a taint of red once fully grown. (found at le Gouffre)

La Grande Brize ou la Grande Amourette est une graminée pouvant atteindre 60 cm de hauteur. Ses épis distinctifs sont teintés de rouge à maturité. (trouvé au Gouffre)

Ribwort Plantain is a plant of lanceolate basal leaves, hairy stems and long white stamens from the brownish flower head. (found on St Peter Port harbour walls)

Le Plantain Lancéolé est une plante aux feuilles en forme de lance à sa base, tiges villeuses et longues étamines sortant de l'épi de couleur marron. (trouvé sur les murs de St Peter Port Harbour)

Common Figwort is a plant growing in open shady woodlands, hedge banks and by the water. Its tiny flowers are bright brownish red, have 4 stamens and a bulbous corolla.
(i.e. at bathing pools)
La Scrophulaire Noueuse *est une plante herbacée poussant dans les bois clairs à l'ombre, les haies et prés de l'eau. Ses petites fleurs sont de couleur rouge-brun aux 4 stigmates et corolle bulbeuse. (par ex. à Bathing Pools)*

Fuchsia is a shrub or small tree named after the German Botanist Leonhart Fuschs, with pendulous teardrop-like magenta flowers; colour that attract bird to pollinate them.
(found on Herm)
Le Fuchsia *est un arbrisseau ou petit arbre nommé après le Botaniste Allemand Leonhart Fuchs, aux fleurs pendantes en forme de larme couleur magenta, couleur attirant les oiseaux pour les poloniser. (trouvé à Herm)*

Printed in Great Britain
by Amazon